LE BENIN (10E-19E SIECLES)

UN PUISSANT ET PRESTIGIEUX EMPIRE EN AFRIQUE DE L'OUEST

AMADOU BA

LE BÉNIN (10E-19E SIÈCLES)

UN PUISSANT ET PRESTIGIEUX EMPIRE EN AFRIQUE DE L'OUEST

AMADOU BA

DU MÊME AUTEUR

- *Empire du Mali (13e - 15e siècles): Symbole de la force politique d'une Afrique unie*, Éditions AB, 2021.

- Le Kongo (1350-1880) : *Plus qu'un royaume, un très vaste empire au cœur de l'Afrique centrale*, Éditions AB, mai 2021.

- *L'Empire du Songhay* (1464-1591). *Diversité et tolérance ethnique en Afrique de l'Ouest médiévale*, Éditions AB, mai 2021.

- *L'Afrique des Grands Empires* (7e-17e *siècles*). *1000 ans de prospérité économique, d'unité politique, de cohésion sociale et de rayonnement culturel*, Éditions AB, DÉCEMBRE 2020.

- *L'Histoire oubliée de la contribution des esclaves et soldats noirs à l'édification du Canada* (1604-1945) publié chez Editions-Afrikana, Montréal, (Qc) 2019, republié chez Editions AB Sturgeon Falls (ON) Canada 2021.

- *Quelles valeurs transmettre aux jeunes du XXI*^{e} *siècle*, Editions pour Tous, Montréal Qc 2016.

- *Les "Sénégalais" à Madagascar, militaires ouest-africains dans la conquête et la colonisation de la Grande-Île* (1895-1960), Harmattan Études africaines, Paris, 2012.

DÉDICACES

À mes enfants et à tous ceux qui m'ont soutenu et accompagné dans ce travail.

Je dédie également ce livre à la jeunesse panafricaniste consciente.

À tous ceux et celles qui veulent mieux connaître ce que fut l'Afrique précoloniale, à travers ses grands empires médiévaux.

À tous les peuples ouest-africains du Sahel et de la Savane qui ont appartenu au vaste espace qu'occupait l'empire du Mali entre les 13e et 15e siècles.

À tous ceux et toutes celles qui luttent pour l'Afrique des LIBERTÉS, une Afrique débarrassée du néocolonialisme, de la Françafrique, des dictatures et de toutes les formes de dominations intérieures et extérieures.

REMERCIEMENTS

Mes très authentiques remerciements à tous ceux et celles qui m'ont soutenu dans mes recherches, Vous avez consacré une partie de votre précieux temps à la relecture de mon manuscrit sur l'Afrique des Grands Empires d'où est tiré de livre sur l'empire du Kongo. Vos corrections, suggestions, remarques, critiques et soutiens techniques m'ont été très utiles. Je veux particulièrement nommer: Sovi Lambert, Kristina Bernier et Dr Amélie Hien.

CITATIONS

"La liberté, c'est l'empire que nous avons sur nous-mêmes."

« Tant que les lions n'auront pas leurs propres historiens, les histoires de chasse continueront à glorifier le chasseur ». (Proverbe africain).

« Si les Africains ne racontent pas l'Afrique, elle disparaîtra ». (Ousmane Sembène, un écrivain, réalisateur, acteur et scénariste sénégalais)

« La négation de l'histoire et des réalisations intellectuelles des peuples africains noirs est le meurtre culturel, mental, qui a déjà précédé et préparé le génocide ici et là dans le monde ». (Cheikh Anta Diop, historien, anthropologue, et homme politique sénégalais).

« Si tu abandonnes ta spiritualité pour adopter celle de ton agresseur, tu deviens son esclave à jamais ». (Dicton asiatique).

« Notre seule faiblesse c'est d'ignorer notre force ». (Felwin Sarr, professeur d'université, économiste, philosophe et panafricaniste) extrait de "Traces et discours aux Nations africaines", discours prononcé à l'occasion de l'ouverture du Musée des Civilisations noires le 6 décembre 2018 à Dakar au Sénégal.

« Les grands empires médiévaux africains nous enseignent que ce qui nous unit est de loin plus fort, plus beau et plus vrai que ce qui nous désunit ». (Amadou Ba, historien, chercheur et écrivain).

"Quand les maîtres de l'Empire déraisonnent, les hommes du peuple dépérissent." (Proverbe français)

PLAN

AVANT-PROPOS

INTRODUCTION

La question des sources

Origine et évolution du Bénin

Le second royaume du Bénin, évolution vers un empire

La dynastie des Obas et le rayonnement du Bénin (13e - 15e siècles)

Le règne d'Ewuare ou l'âge d'or du Bénin

Les successeurs d'Ewuare

Économie de l'empire du Bénin

Organisation politique de l'empire du Bénin

Organisation sociale et religieuse

Rayonnement culturel et artistique au Bénin

Déclin de l'empire du Bénin

Conclusion

Bibliographie

AVANT-PROPOS

Revisiter les grands empires et royaumes qui existaient en Afrique avant la colonisation européenne est plus qu'une urgence aujourd'hui. C'est la première des conditions pour développer chez les jeunes générations africaines une réelle prise de conscience historique de leur continent sur une longue et glorieuse période. Dans cette perspective, l'empire du Bénin qui a connu une longévité de plus de 1000 ans, ne doit pas être oublié. L'histoire de l'Afrique avant l'arrivée des explorateurs, missionnaires, militaires et colonisateurs européens est une histoire reléguée au second plan. Pire que cela, elle dévalorisée, stéréotypée parce que travestie et falsifiée. Par exemple, quand on enseigne l'histoire de l'empire du Bénin aujourd'hui à nos jeunes, on répète le plus souvent ce que le colonisateur européen a écrit sans chercher à reconstituer nous-même cette histoire et en ressortir ce qui faisait la beauté, la grandeur, la prospérité et l'unité de ce vaste État sur le Golfe du Bénin. C'est la même chose pour les autres empires et royaumes africains précoloniaux. Qu'il s'agisse de l'ancien empire du Ghana, du Kongo, du Kanem-Bornou ou encore du Mali, etc., une chose est certaine : la glorieuse histoire du continent a non seulement été niée, falsifiée par le dominateur colonial européen, mais plus grave, l'Afrique postcoloniale n'a jamais eu le courage, la volonté politique et la prise de conscience intellectuelle de remettre les pendules à l'heure et de former sa jeunesse à mieux connaitre le passé glorieux du continent, de s'en approprier afin de reconstruire le continent déchiqueté et démoli par les Européens. Dans les écoles des pays africains postcoloniaux l'enseignement de cette histoire médiévale africaine est très superficiel. Quand on sort du continent, la réalité est encore pire. La diaspora africaine et les Afro-descendants sont très peu informés de l'histoire africaine précoloniale. Très souvent l'histoire de l'Afrique dans sa globalité leur est présentée sous une manière très dévalorisante avec des images et clichés négatifs qui ne facilitent pas leur connexion avec la terre de leurs ancêtres. L'historiographie moderne héritée de l'eurocentrisme veut et exige que l'on commence à apprendre et que l'on retienne de ce contient que sa colonisation par l'Europe, les écrits mensongers et manipulateurs d'explorateurs, de missionnaires, de colons, qui tous avaient une seule et unique mission, laver le cerveau de l'Africain afin de lui séparer de son glorieux passé et en faire un être sans aucune identité. Ceci donne très peu d'espace pour mentionner les grands empires africains comme le Songhay, le Kongo, le Benin, le Monomotapa, l'empire d'Éthiopie, etc., dans les curriculums scolaires, former des jeunes afro descendants fiers de leurs origines africaines.

Pourtant, ceux qui prennent la peine de fouiller, d'investiguer, de chercher, d'analyser, de confronter les différentes sources à la fois laissées par des étrangers mais aussi écrites par des Africains, pour tous ceux qui s'intéressent aux sources orales et archéologiques et les ajoutent aux sources écrites, découvrent que l'Afrique médiévale s'est aussi et surtout démarquée par l'existence en son sein de très vastes, prospères et puissants empires et royaumes. Le Bénin fait partie de ces grands empires. Il avait une réputation mondiale à cause de son architecture en bronze, unique à l'époque, son organisation politique et son économie riche et diversifiée. Malgré ces belles réalisations à l'intérieur du continent qui est le berceau de l'humanité et des civilisations humaines les plus anciennes, l'Afrique contemporaine est présentée et perçue dans le reste du monde comme le seul continent qui n'a apporté aucune contribution à la construction et à l'avancement de l'Humanité. Ceci est surtout une conséquence de plusieurs siècles de domination, de déshumanisation des Africains, d'injustice, de mépris et de souffrance vécus par les Africains noirs.

Pour toutes ces raisons, il est par conséquent crucial d'écrire la vraie histoire de l'Afrique et notamment celle de ses plus belles pages, à savoir la réalisation de très grands empires qui ont traversé plusieurs siècles. Le livre sur le resplendissant empire du Bénin, propose le diagnostic d'un État médiéval du continent en faisant ressortir ce qu'il y avait de plus beau, de plus glorieux et qu'on ne dit pas toujours dans les livres écrits par les non Africains. Il s'agit de la prospérité économique, de l'unité politique, d'une très bonne cohésion sociale et un rayonnement culturel et intellectuel encore visible dans la région ouest-africaine du sahel et de la savane mais aussi en milieu forestier comme au Bénin.

Comprendre et s'approprier l'histoire des grands empires médiévaux d'Afrique à l'image du Bénin, aiderait les jeunes générations africaines à avoir une meilleure prise de conscience historique, une conscience large et profonde pour mieux se préparer à affronter l'avenir. L'histoire ce n'est pas seulement du passé, c'est un passé contemporain qui est présent en chaque individu et lui sert de repère, de boussole vers le futur. À l'heure où les États africains postcoloniaux font face à de nombreux défis y compris, le développement économique, l'unité politique et la cohésion sociale, il est plus que nécessaire de revenir sur les plus belles pages des grands empires médiévaux africains. Telle est la raison majeure qui justifie notre projet d'écrire ce petit livre sur le Bénin pour donner un outil pédagogique aux jeunes africains, au public africain, afro-descendant et tous ceux et celles qui aimeraient mieux connaitre l'Afrique.

INTRODUCTION

Vers le 10e siècle, un État dans le sud-ouest de l'actuel Nigéria, connu sous le nom de Bénin est fondé par le peuple edo[1], dont la dynastie survit encore aujourd'hui. Fameux par ses plaques en bronze, il allait passer, entre la moitié du 15e et 16e siècle, du statut de petit royaume, à celui d'un empire, l'un des plus puissants et des plus prestigieux de l'histoire de l'Afrique précoloniale. L'empire du Bénin n'est pas à confondre avec l'actuel pays francophone de l'Afrique de l'Ouest qui porte son nom, la République de Bénin[2]. Sur une carte hollandaise de 1705, réimprimée en 1907 par sir Alfred Jones, le "pays" noté comme étant le grand Bénin correspond à la partie du Nigeria située au sud-ouest du fleuve Niger, du Bénin actuel et d'une partie du Togo. L'empire du Bénin avait pour capitale la ville d'Edo, aujourd'hui Bénin-City. De tous les États et sociétés ouest-africains, le Bénin est celui qui est le plus mentionné dans la littérature européenne contemporaine[3]. Les voyageurs européens ont donné de multiples descriptions de la ville, jusqu'à sa destruction en 1897 par une expédition britannique. Devenu empire sous le règne de Oba Ewuare (1440-1473), dit le

Grand, grâce à qui le royaume s'est agrandi après plusieurs conquêtes, le Bénin fut une des plus grandes puissances d'Afrique de l'Ouest jusqu'en 1897 date à laquelle les Britanniques l'ont intégré dans leur empire colonial du Nigeria.

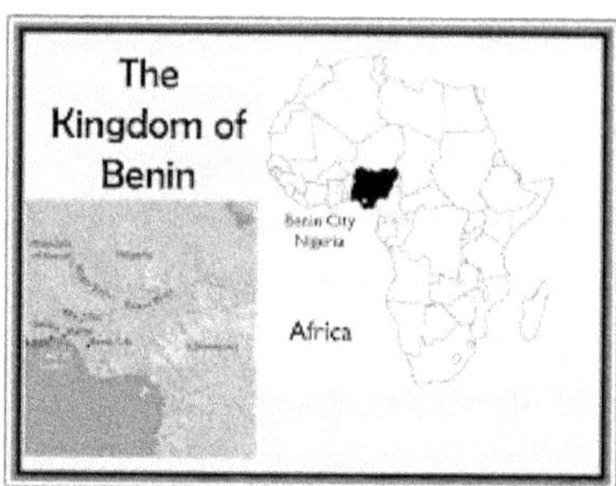

Carte de l'empire du Bénin en Afrique (désigné ici injustement sous le terme de royaume (Kingdom) alors qu'il s'agissait bien d'en vaste empire regroupant plus de 4 pays ouest-africains aujourd'hui).

Source: http://www.allempires.com/forum/forum_posts.asp?TID=36418

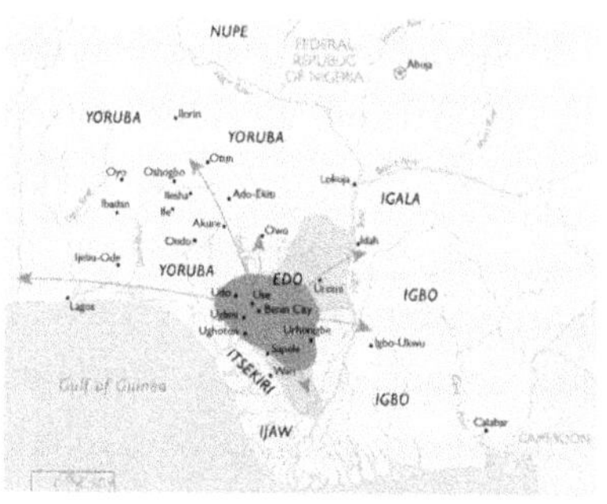

Expansion du royaume du Bénin pour devenir un vaste empire.
Source: Janakesho
https://janakesho1.wordpress.com/2016/01/31/Bénin-empire/

LA QUESTION DES SOURCES:

Contrairement aux empires du Ghana, du Mali et du Songhay, dont la connaissance de l'histoire a été rendue possible en grande partie par les écrits des auteurs arabes qui se sont ajoutés aux sources orales, dans l'empire du Bénin, la question des sources écrites est un peu plus difficile notamment à ses débuts car les auteurs arabes n'ont pas laissé de témoignages sur cette partie de l'Afrique qui leur est inconnue. L'histoire de l'empire du Bénin de ses origines jusque dans la moitié du 15e siècle est principalement connue grâce aux sources orales. Cependant, pour ce qui est de la période allant de 1440 à 1897, une documentation assez détaillée sur la vie politique, économique, culturelle mais aussi les changements dans le système militaire est devenue disponible. Il s'agit de récits historiques oraux, des témoignages de voyageurs européens. Plus récemment, les fouilles archéologiques ont rendu possible une meilleure connaissance de cette histoire parce qu'ayant permis de trouver des objets d'art accessibles à l'interprétation historique[4].

ORIGINE ET ÉVOLUTION DU BÉNIN

Les sources historiques anciennes et contemporaines s'accordent sur le fait qu'il faut diviser l'histoire précoloniale de l'empire du Bénin en deux périodes distinctes. La première étant celle où il était un royaume, dirigé par un *Ogiso* qui signifie en langue edo « roi » ou « roi divin », littéralement (roi du ciel). Ils appelaient aussi leur terre *Igdomigodo* (BBC, 2019). Pendant cette période, tout le royaume était sous influence unique, celle des Edos qui sont connus comme étant les fondateurs et le peuple d'origine du royaume Edo (Willett, 1976, p. 10). De ce premier État fondé à l'ouest du delta du Niger par les Edos qu'on appelle aussi dans certaines sources les Binis, on sait fort peu de choses. Peut-être était-il limité aux environs immédiats de la capitale, comme le suggère un des rituels qui ont continué à entourer l'intronisation du roi: un combat simulé l'oppose aux chefs de villages peu éloignés. Parmi les rares informations disponibles sur ce premier royaume on note le fait que pendant le règne des *Ogisos*, le pays se serait appelé *Igodomigodo*[5], du nom d'un des premiers d'entre eux, Obagodo. La tradition orale informe également qu'il y avait eu une trentaine d'*Ogisos*, avec des noms parfois difficiles à prononcer. Jacob Egharevba dans son célèbre livre *A Short Story of Bénin* qui est une source souvent citée comme référence de l'histoire traditionnelle du Bénin, mentionne 1es rois edos (Ogisos) dont les noms sont les suivants par ordre chronologique: Obagodo, Ere, Orire, Akhun-ankun-an, Ekpigho, Oria, Emose, Orhorho, Hennenden, Obioye, ArighoOwodo. La seconde période est celle qui a vu le royaume tombé sous l'influence des Yorubas avec leurs dirigeants appelés *Oba*[6]. Les *Obas* étaient en effet les rois de l'empire du Bénin quand les Yorubas reprirent en main le royaume. Ils étaient traités comme des dieux. Le peuple edo adorait non seulement leur *Oba*, mais il adulait également de nombreuses divinités, qui étaient censées détenir différents pouvoirs sur l'armée, l'eau et la richesse. L'histoire du second royaume est donc mieux connue.

LE SECOND ROYAUME DU BÉNIN, ÉVOLUTION VERS UN EMPIRE

Les débuts du second royaume du Bénin remontent sans doute au 13e siècle avec l'installation d'une nouvelle dynastie, celle des *Oba*, fondée par un prince yoruba. En effet, la tradition orale raconte que peu avant le 13e siècle, un chef local, Evian, aurait tenté de fonder une nouvelle dynastie. Cependant, les faiseurs de rois edos s'y opposèrent. Le tout premier *Oba* était Eweka, et il a été choisi par son père Oranmiyan pour devenir le premier *Oba* du Bénin. Eweka était le premier d'une longue lignée d'*Oba* qui a atteint son apogée dans les années 1500. La tradition orale raconte aussi que c'est à la recherche d'une nouvelle dynastie légitime, que les Yorubas se tournèrent vers Oduduwa. Celui-ci était l'*Oni* (souverain) de la ville sainte yoruba d'Ife, dans l'actuel Nigeria. Ils lui demandèrent d'envoyer un de ses fils pour régner sur leur pays. Le choix porta sur Oranmiyan qui s'installa en pays edo où il eut un fils appelé Eweka. Toutefois, Oranmiyan retourna à Ife pour y régner. Il aurait ensuite fondé un autre puissant État; celui d'Oyo. Si les versions des faits peuvent parfois être différentes les unes des autres sur l'émergence du second royaume qui allait devenir par la suite empire, une chose est sûre, la dynastie Oba est beaucoup plus connue.

LA DYNASTIE DES OBAS ET LE RAYONNEMENT DU BÉNIN (13E - 15E SIÈCLES)

Le règne d'Ornmiyan, aurait vu l'introduction du cheval en pays edo. À cette période, la ville d'Edo aurait reçu de sa part le nom d'Ile Ibinu, signifiant en yoruba, « le pays de l'ennui ». Après son départ, son fils Eweka aurait été très jeune pour régner seul. Le jeune roi aurait eu mal à se défaire de l'influence de ses nombreux régents. Il y serait finalement parvenu et aurait eu un long et brillant règne. Durant son règne, Eweka a fait un certain nombre de réalisations. Il aurait été à l'origine de la plupart des réformes administratives relatives à la fonction de l'*Oba*. Se succédèrent alors de père en fils Uwakuanen et Ehenmihen puis Ewedo. Ce dernier aurait été le premier grand roi depuis Eweka. Son règne aurait été caractérisé par une guerre civile face aux faiseurs des rois. L'objectif, étant pour le roi, de se défaire de leur pouvoir politique, trop important à ses yeux. C'est à partir de son règne que le *Oba* serait devenu l'Institution de loin la plus puissante du royaume. Les faiseurs de roi (Edionevbo) héritiers de la première dynastie régnante n'en disparurent pas pour autant. Ensuite on a un autre roi du nom d'Ewedo. Ce dernier aurait quant à lui introduit un certain nombre de tactiques militaires, de nouvelles législations et coutumes, de nouveaux cultes et de nouveaux marchés. Enfin, il serait à l'origine du changement du nom *d'Ile Ibinu* en *Ubini.* Ce dernier serait à l'origine du nom de *Beni /Bénin* qui est une déformation des explorateurs portugais, les premiers Européens à visiter cette région de l'Afrique dans la seconde moitié du 15e siècle. À la mort d'Ewedo, son successeur Oguola s'est fait remarquer quant à lui grâce à certaines réalisations notamment ses contributions artistiques et architecturales. Il aurait invité un artiste d'Ife qui y aurait introduit la technique de la fonte à la cire perdue. En plus de cela, le roi Oguola est connu comme étant celui qui a érigé le second mur de Bénin (*Bénin Iya*) à des fins défensives face à la cité rivale d'Udo. C'était un ensemble architectural composé de murs et de douves. Ce mur qui compartimentait Bénin City et ses environs, était considéré comme l'une des plus grandes constructions artificielles par sa longueur et le plus grand ouvrage en terre du monde, plus grand que son homologue, *l'Eredo de Sungbo.* Il délimitait une emprise de 6500 kilomètres carrés. La longueur combinée des murs, dont la plupart se situaient hors de la cité, était supérieure à 16000 km. En plus de la réalisation de ce mur, un des plus grands de l'histoire de l'humanité, un autre fait exceptionnel aurait eu lieu sous un des successeurs et fils d'Oguala, Ohen. L'histoire raconte que ce dernier est né paralysé. Cependant, son infirmité aurait été cachée au public. Toutefois une tension régnait à son époque entre les faiseurs de rois et la royauté. Ce qui poussa les premiers à en informer le public qui tua Ohen. Ce type de pratique de meurtre d'un roi infirme était assez courant dans les royautés divines africaines. Ohen se vit succéder sur le trône par deux de ses fils Egbeka et Orobiru. Un autre de ses fils, Ogun, surmonta l'opposition de son frère Uwaifiokun et s'empara du trône sous le nom d'Ewuare.

LE RÈGNE D'EWUARE OU L'ÂGE D'OR DU BÉNIN

L'*Oba* le plus célèbre était Ewuare dit « le Grand ». Il a régné sur le trône du Bénin pendant une longue période de 33 ans c'est-à-dire entre 1440 et 1473. D'autres sources mentionnent que son pouvoir est plus long que cela et serait achevé en 1480. Ewuare est rendu célèbre pour plusieurs faits. D'abord il est désigné comme étant celui qui étendit véritablement le territoire du Bénin faisant celui-ci un empire. C'est aussi à son compte qu'on mit la reconstruction et la rénovation de la capitale et les grandes murailles qui l'entouraient. Le surnom qu'on lui a attribué, celui de « Grand » n'est en réalité qu'une référence à ses nombreux accomplissements architecturaux avec une ré-urbanisation totale de la ville de Bénin, territoriaux, avec la conquête de nombreux peuples comme les Yorubas d'Owo et d'Akure, Ijesha, Ondo et Lagos, les Igbos et les Ijaws à l'est. Après avoir conquis les populations environnantes et mêmes lointaines, Ewuare leur imposa de payer un tribut au roi. Le paiement de cette redevance à ces populations vaincues est quelque chose de très connu dans l'histoire humaine. La conquête d'Owo et d'Akure a permis au roi Ewuare d'avoir accès à d'importantes routes commerciales avec d'autres populations comme les Nupés et d'autres Yorubas à l'Ouest et au Nord[7]. Ces accès favorisèrent des échanges de commerces et l'arrivée de nouveaux produits dans l'empire du Bénin. Avec la rapidité des conquêtes, la ville de Bénin s'est agrandie, atteignant une superficie d'environ 90000 km carrés, ce qui est trois fois plus que la Belgique moderne. L'une des réalisations les plus importantes d'Ewuare et qui ont permis au Bénin de perdurer jusqu'à la fin du 19e siècle est sans aucun doute la mise en place d'une grande armée. Le long règne d'Ewuare, ses multiples réalisations ainsi que sa contribution à l'agrandissement du Bénin ont fini par faire de lui un *Oba* extrêmement célèbre et admiré par son peuple. Il jouait à la fois le rôle de chef politique, économique et spirituel suprême. Ewuare avait également établi des colonies avec d'autres groupes et régions et avait permis à des Européens et des gens d'Asie, de venir dans le pays. Il a dispersé le pouvoir des *Obas* parmi d'autres dirigeants de l'empire qui le représentaient sur place afin que cela réduise les chances d'un soulèvement. Son influence sur l'empire du Bénin a perduré plusieurs années après son décès. (Abdul Rob, 2015).

Après lui, même s'il y a eu d'autres *Obas* qui furent de très bons chefs, c'est incontestablement Ewuare, qui est retenu dans la conscience collective, dans la mémoire historique comme le véritable roi. En plus, de cela, il semble que ses successeurs pratiquaient un culte qui consistait à faire un sacrifice humain dans les observances religieuses, ce que le peuple n'aime pas vraiment et qu'Ewuare n'a pas fait durant son règne.

LES SUCCESSEURS D'EWUARE

Il est impossible de mentionner ici tous les rois qui ont succédé à Ewuare jusqu'à la fin de l'empire du Bénin. Cependant, on peut citer quelques noms parmi les plus connus. C'est le cas par exemple d'Ozolua fils d'Ewuare qui a succédé à son père. Il poursuivit les conquêtes de celui-ci notamment entre 1481 à 1504. Après lui, c'est Esigie, fils d'Ozulua qui dirigea le Bénin du début au milieu du 16e siècle. À son époque, les Portugais étaient déjà bien installés sur les côtes africaines et il avait réussi à nouer des relations avec les nouveaux venus. Il a même envoyé des ambassadeurs à leur roi au Portugal. Ozolua et Esigie ont fait du Bénin un État hautement organisé. Ils ont contribué à l'augmentation en puissance de l'empire du Bénin et de son statut en Afrique et même dans le monde. On peut aussi citer l'Oba Ehengbuda, considéré comme le dernier des rois qui ont mené des conquêtes pour l'extension du Bénin. Il est donc rangé parmi les rois guerriers. Après sa mort en 1601, le Bénin commence à rétrécir, à perdre sa puissance et les *Obas* commencent à lutter entre eux pour l'accession au trône.

ÉCONOMIE DE L'EMPIRE DU BÉNIN

Une grande partie de la population était constituée d'agriculteurs. Ces derniers représentaient des corps de métiers spécialisés, comme les artistes, les musiciens (les peuples du Bénin auraient d'ailleurs inventé *le piano à pouces a.k.a mbira a.k.a sanza*), les commerçants, les tisserands, les maçons, les magiciens ou sorciers, les guérisseurs, les forgerons, les pêcheurs, les conseillers du roi, et même les conteurs. Il était possible d'ailleurs d'appartenir à deux corps différents et être par exemple à la fois agriculteur et musicien. La population était entrainée au combat, mais l'empire du Bénin avait aussi de véritables guerriers, formés, qui constituaient une armée très compétente qui, comme il a été précisé, porte véritablement la marque d'Ewuare. En plus des revenus tirés de l'agriculture dans une région très arrosée, le pouvoir de Bénin bénéficiait aussi de la rétribution qu'il obtenait des populations conquises et vassales de l'empire. L'expansion territoriale de Bénin sous Ewuare a permis également d'ouvrir l'empire au commerce avec ses voisins de l'Ouest et du Nord et de rentrer dans les circuits d'échanges entre royaumes et empires africains. Le

Bénin était effectivement devenu un empire riche, célèbre, hautement centralisé et renommé, des décennies avant le début du commerce avec les Européens.

Un autre élément de taille ayant permis à l'économie du Bénin de prospérer et de se diversifier est l'échange avec les Européens, de plus en plus nombreux sur les côtes africaines. Dès 1486, le navigateur portugais, João Afonso de Aveiro, entra en contact avec le Bénin. À partir de cette date, des échanges d'ambassadeurs entre les deux pays allaient s'établir, ainsi que des liens commerciaux. Le Bénin envoya du poivre, des peaux de léopards, de l'ivoire, des vêtements traditionnels, des objets artisanaux de bois et de terre cuite, etc. Il offrait aussi des produits comme le coton, les perles de pierres, le poisson, le bétail, le sel, les ignames et bien d'autres produits commerciaux. (Cartwright, 2019). En retour, ses populations recevaient des produits qui leur étaient inconnus comme les vêtements européens différents de ceux de l'empire, des lunettes et surtout des armes à feu qui favorisaient la domination militaire du Bénin sur les royaumes voisins ou vassaux. L'introduction de ces nouveaux prix pousse de nouveau le Bénin à se lancer à une expansion territoriale pendant tout le 16e siècle. Avec l'arrivée et l'installation des marchands européens sur les côtes africaines, le Bénin contrôle une bonne partie des circuits commerciaux entre les peuples, à l'intérieur des terres, et les Européens, aux côtes. Le Bénin utilise même de la monnaie pour faire ses transactions. Au début, la monnaie était constituée de bracelets de laiton. Par la suite, elle est remplacée par des cauris notamment au 16e siècle. Nous avons vu dans les parties consacrées aux empires du Ghana, du Mali et du Songhay l'importance des cauris comme outil de monnaie et son appropriation par les populations africaines à tel point que même les Européens étaient obligés de faire leurs transactions avec ces coquillages et non avec l'or ou d'autre métaux.

Toutefois, le problème avec l'installation des Portugais sur les côtes africaines, est qu'ils répandirent des armes à feu et pratiquèrent la politique du diviser pour mieux régner. Leur objectif était de contrôler les commerces notamment l'acquisition d'esclaves. (Aisien et Oriakhi, 2008, p. 4). En plus des marchands portugais, le Bénin a obtenu des fusils et du fer des Hollandais protestants dans le cadre des échanges entre eux. Par conséquent, au début de la traite transatlantique des esclaves, les Africains étaient déjà armés contre eux-mêmes par les Hollandais et d'autres Européens dans le but de faire vendre des captifs de guerre comme esclaves. Les principales armes militaires sont des mousquets ou des carabines, dans l'utilisation desquels les Africains sont merveilleusement habiles. À partir de ce moment, l'empire du Bénin tombe dans le même piège et le cercle infernal d'acquisition d'armes et de livraisons d'esclaves aux Portugais et à d'autres Européens. Si, à l'origine, les populations autochtones, notamment les Edos ne vendaient pas d'esclaves, elles allaient par la suite rentrer dans ce commerce en vendant des femmes capturées issues des royaumes soumis et ennemis et ensuite des hommes surtout à partir du 17e siècle. Plus grave, bientôt des habitants du Bénin allaient être capturés et vendus comme esclaves. C'est cela qui entre autres a provoqué progressivement le rétrécissement de la cohésion et de l'harmonie sociale et provoqua plus tard la décrépitude de l'empire du Bénin sur lequel je reviendrai dans les prochaines pages. Il y avait aussi le commerce de l'ivoire, qui fit très néfaste pour la faune et l'environnement. Bref, une fois sur les côtes africaines, les Européens entament une destruction progressive du tissu social, de l'économie et même de l'unité politique des Africains. Cela a été observé au Mali, au Songhay, et ici au Bénin mais aussi ailleurs comme au Kongo ou le Monomotapa qui seront traités plus tard.

ORGANISATION POLITIQUE DE L'EMPIRE DU BÉNIN

La vie politique de l'empire du Bénin commence réellement à être connue sous le règne d'Ewuare. Ce dernier aurait introduit un certain nombre de nouvelles institutions politiques dont celle de « prince héritier » (*The Editors of Encyclopaedia Britannica*, 2019). La succession devait nécessairement se faire de père en fils. En espérant hériter du trône, ses deux fils aînés s'empoisonnèrent mutuellement. Désespéré par la nouvelle, Ewuare aurait décrété une période de deuil de trois ans dont les conditions difficiles auraient forcé une grande partie de la population à émigrer du pays. C'est peut-être sous son règne qu'a eu lieu le premier contact avec les Portugais en 1472[8]. Selon la tradition orale, Ewuare aurait donné à Bini le nom d'Edo en hommage à un esclave du même nom. Ce dernier l'aurait sauvé de ses rivaux lors de son accession au trône. L'unification du Bénin par Ewuare a donné un nouvel élan à l'autorité politique, économique et culturelle de la monarchie centrale. Oba Ewuare a renforcé les pouvoirs de son empire. Les détails de ses campagnes et conquêtes donnent une forte impression qu'il y avait un type de milice qui se livrait à des expéditions annuelles régulières soit pour faire respecter et assurer la soumission de sujets récalcitrants soit pour étendre encore plus les limites de l'empire. (Egharevba, 1960: 105). Sur cette grande fondation territoriale, le Bénin a grandi en taille et en splendeur. On apprend aussi qu'il y a eu des moments de troubles et même des assassinats dans sa vie politique. Par exemple, à la mort, Ewuare, il fut succédé par son fils Ezoti qui fut assassiné. On apprend aussi qu'Ozolua à son tour fut tué dans un complot mené par un de ses généraux (ou servants) dont le roi aurait pris la femme. Le successeur d'Ozolua sur le trône du Bénin est son fils Esigie. Les moments de son règne furent marqués par un conflit avec son frère Aruanran, à la tête de la cité Udo. Esigie en sortit victorieux et Udo se soumit à Bénin. Le début de règne de Esigie est marqué par un conflit majeur qui opposa le Bénin et ses voisins Idoma et Igala. La tradition rapporte que la cause du malentendu qui une nouvelle fois une affaire de femmes. L'un des faiseurs de roi, Oliha Odiase, fut jaloux d'avoir été trompé par sa femme avec un servant d'Esigie. Ce dernier fut révélé comme étant à l'origine du stratagème. Odiase se vengea en soulevant le roi Igala d'Idah contre Bénin sous un fallacieux prétexte.

Dans l'histoire politique du Bénin, on mentionne des relations diplomatiques avec les Portugais dès les premières années de leur installation sur les côtes africaines. Oba Esigie (1504) pouvait écrire et parler portugais (Hatch, 1969, p. 40). Son fils Oba Orhogbua a fait ses études à Lisbonne ou à São Tomé et Principe; formation pour devenir prêtre catholique romain. Son exposition de surveillant a influencé son amour de la mer et son raffinement dans les affaires de l'État et du gouvernement. Il a transformé le vaste système de lagune parallèle au golfe du Bénin en un lac du Bénin et est devenu le seigneur de toutes les terres bordant le lac, jusqu'au Ghana actuel (Aisien, 2001, p. 160).

Certains historiens spécialistes du Bénin estiment qu'Esigie doit son salut et son long maintien au pouvoir aux alliances avec les Portugais et notamment les canons qu'il recevait de ces derniers. Ces armes étaient en effet inconnues des populations autochtones. C'est également durant son règne qu'une femme commença à occuper une place importante dans la vie politique au Bénin à travers le personnage de sa mère. Celle-ci aurait joué un rôle déterminant dans la victoire de son fils et son accession au trône. Pour la gratifier de son apport déterminant, le roi créa le titre d'*Iyoba*, "reine mère" et le lui attribua. L'accomplissement majeur du règne d'Esigie fut la conquête de la ville de Lagos. Cette ville lui servit à la fois de camp de guerre et de point d'ancrage dans le commerce avec des peuples de l'actuelle République du Bénin. La dynastie de Lagos est aujourd'hui encore reconnue par la tradition d'origine edo. À sa mort, Esigie est succédé sur le trône par son fils Orhogbua. Entre 1570 et 1580, Ehengbuda accède au trône. Son règne se distingue par une victoire militaire sur l'État Yoruba d'Oyo. Ce succès allait définir la frontière entre les deux royaumes. Il fit le dernier roi guerrier de Bénin comme il a été mentionné auparavant. À sa mort, Bénin entre dans une nouvelle phase de déclin. C'était au début du 17e siècle. Pour l'anecdote, au cours de cette période, l'humaniste néerlandais Olfert Dapper, a écrit que « le Roi du Bénin peut en une seule journée préparer 20000 hommes à la guerre, et même 180000 si nécessaire, tellement son influence sur les peuples aux alentours est forte. Son autorité s'étend sur de nombreuses villes et villages. Aucun roi dans les environs ne compte autant de belles villes dans son royaume ». Cette description est bien valorisante mais Olfert Dapper n'a en réalité jamais quitté son pays natal (ce qui ne l'a pas empêché de « décrire » plusieurs régions lointaines en s'appuyant sur les ouvrages de l'époque).

ORGANISATION SOCIALE ET RELIGIEUSE

La vie sociale dans l'empire du Bénin est assez organisée. Au somment de la hiérarchie sociale, se trouve l'*Oba* qui était à la fois le chef politique, économique, militaire et religieux. Il le fut pendant la majorité de l'histoire de la seconde dynastie. Il était aussi un être divin. Avant Ewedo (13e-14e siècles) qui mit fin à cette tendance, le pouvoir de l'*Oba* fut entravé par celui des faiseurs de roi. Quelques siècles plus tard, le pouvoir militaire passe peu à peu dans les mains des chefs. L'*Oba* devient au fur et à mesure une figure sacrée plus qu'un souverain effectif. La religion occupait une place importante dans la vie sociale des populations de l'empire du Bénin. L'institution de l'*Oba* est d'abord apparue comme une combinaison de fonctions profanes et de devoirs sacrés chez une seule personne, mais la dynamique du système politique béninois ne cessait de tendre vers une augmentation constante de ses devoirs sacrés au détriment des profanes (Bondarenko, 2015, p. 46).

Comme chez beaucoup d'autres peuples de la sous-région, le panthéon de l'empire Bénin est constitué d'un fond indigène et d'emprunts yoruba récents. Dans la première catégorie, on trouve *Osa* (ou *Osha*), la divinité suprême, *Olokun* (ou *Olohun*), associé à la mer et à la prospérité, *Otoe*, à la fertilité et à la terre, *Obienmwen* dans la seconde *Sango* (*Shango*), divinité associée aux phénomènes atmosphériques, *Orunmila*, associé au célèbre système de divination yoruba *Ifa*, ou encore *Esu* (*Eshu*), le fripon. Toutefois au Bénin, les cultes les plus importants n'étaient pas ceux des déités précitées, mais ceux des ancêtres personnels.

RAYONNEMENT CULTUREL ET ARTISTIQUE AU BÉNIN

L'expansion du royaume edo s'étend entre les 10e et 13e siècles, puis le développement d'une brillante civilisation fécondée par les influences yoruba, en particulier dans le domaine des arts plastiques, commencent au 14e siècle. Sous les *Obas*, l'art et l'architecture étaient en effet très importants dans l'empire du Bénin. Sur le plan architectural, la figure la plus significative est le *Bénin Iya*. Il s'agit d'un système de murs et de douves encadrant la ville de Bénin City. Leur fonction est soit défensive ou démarcative. Le *Bénin Iya* serait la plus longue construction faite par des hommes (avant l'avènement des machines) devant la grande muraille de Chine. (Shillington 2013, p. 226). D'après les témoignages de voyageurs européens notamment rapportés par le Néerlandais Olfert Dapper, l'architecture civile de Bénin est en tout point remarquable. Elle rivalise avec celle des grandes villes européennes. Bénin entretenait de forts liens culturels et historiques avec la cité et la culture yoruba. Cela ne fait pas de doutes pour les spécialistes. À ce propos, on cite souvent la technique de la cire perdue utilisée dans les deux civilisations; le titre d'*Oba*, qui est un mot de langue yoruba signifiant roi, prouve le fait que le yoruba eut été une langue officielle à la cour edo au moins aux 17e et 18e siècles; que les Edos se faisaient enterrer à Ife.

Il faut noter également l'importance du commerce des perles et leur diffusion qui a contribué à faire de la céramique du Bénin une des meilleures en Afrique. Des historiens affirment que la céramique est très ancienne chez les Edos. En effet, un monolithe du début du 2e siècle après J. -C à Ife, au Nigeria a été découvert. On l'appelle *Opa Oranyan* « bâton d'Oranmyan » en langue yoruba.

La vie culturelle du Bénin était également très animée. La ville d'Ife était considérée comme la cité religieuse par excellente, une ville sainte comme nous en connaissons plusieurs de nos jours en Afrique et ailleurs dans le monde. Ife attirait les religieux venant non seulement en pays yoruba, mais aussi de tout le golfe de Bénin jusqu'au sud-est du Ghana actuel. Le prestige et l'influence profonde de la culture yoruba ont été observés et confirmés dans la ville d'Ife.

Les *Obas* ont fortement contribué à faire de l'art une des plus belles réussites de l'empire. Par exemple, sous le règne d'Ewuare, l'art du Bénin émerge et supplante celui des Yorubas d'Owo. Les fouilles archéologiques ont permis à ce sujet de trouver une statue de cuivre de type edo dans la collection de l'Ojomo d'Owo. L'art du Bénin est réputé aussi pour son travail de bronze, du laiton de la terre cuite, du bois et de l'ivoire. On y voit des représentations sous la forme de statuettes ou de têtes, des rois, des ennemis, des reines-mères, etc. Les plaques de bronze de laiton rapportent des événements relatifs à l'histoire des différents Obas ou des rituels de cour. La qualité et la finesse des œuvres d'art ont été qualifiées d'uniques dans l'Histoire de l'Afrique. On les a notamment comparées par leur qualité, aux œuvres contemporaines d'artistes européens comme ceux de Benvenuto Cellini. La finesse et la précision des œuvres de l'empire du Bénin permettent de restituer des pans de cette merveilleuse civilisation.

Tête de reine mère en Bronze - Ife - Bini Edo - bronzes du Bénin.
Source: https://www.pinterest.fr/pin/747386500644323877/?d=t&mt=login

DÉCLIN DE L'EMPIRE DU BÉNIN

Après avoir connu une longue période de prospérité économique, d'unité culturelle, de cohésion sociale et surtout de rayonnement culturel, l'empire du Bénin entre dans un cycle de décrépitude à partir de 17e siècle après avoir noué des relations avec les Européens et que ces derniers commencèrent à répandre des armes au sein de l'empire. Comme au Mali et au Songhay, le Bénin doit son déclin en grande partie à la diffusion de munitions européennes et le soutien de ces nouveaux à certains rois contre d'autres pour mieux se procurer en esclaves. Au 17e siècle, le Bénin commence à entrer dans une période obscure de son histoire. D'ailleurs à partir de cette époque, on recense peu d'événements et une faible production d'œuvres d'art. Ce qui témoigne ainsi d'une certaine fragilisation de l'empire. C'est à cette époque que commencent certaines crises internes, des soulèvements et des royaumes jusque-là soumis allaient chercher à devenir autonomes. L'évènement politique majeur de cette période semble avoir été la sécession de la région d'Itsekiri, convertie au catholicisme par les missionnaires portugais. À cela, s'ajoute le fait que cette période est marquée par des conflits répétés entre les *Obas*, les chefs et les populations. Le souverain le plus célèbre du début du siècle suivant est Akenzua. Il fut peut-être l'un des rois les plus riches de l'histoire du Bénin. Toutefois, sa politique diplomatique très poussée avec les Européens allait coûter très cher à l'empire. En effet, Akenzua est connu pour avoir signé le premier traité commercial entre Bénin et une puissance européenne, la Hollande. Ce traité est signé le 26 août 1715. Il offre aux Hollandais, la possibilité et même l'intégralité du monopole de la vente des tissus. Le bon déroulement de la traite fut perturbé par les conflits entre commerçants portugais et néerlandais, puis par les agressions de pirates des Ijaws et les Itsekiris. La fin du commerce entre Bénin et les pays européens eut lieu en 1736. L'élément déclencheur fut le meurtre du représentant de la principale société de marchands néerlandais dans la région.

Parmi les autres facteurs ayant contribué à l'affaiblissement de l'empire du Bénin, on peut mentionner la menace des voisins du nord, notamment du mouvement d'islamisation des Fulanis (peuls). Celui-ci se caractérise par une nouvelle vague d'attaques de Nupe en frappant les régions du nord d'Edo; à l'ouest, l'éclatement - du royaume d'Oyo a conduit à des combats à Ekiti; sur la côte. Avant l'arrivée des Britanniques vers la fin du 19e siècle le contexte du fameux *Scramble for Africa*, l'empire du Bénin avait déjà plusieurs problèmes à résoudre. La présence britannique établit progressivement les bases qui exigeaient et rendaient possible une avancée vers l'intérieur de l'empire. Si les guerres d'islamisation dans le pays de Nupe avaient déjà détruit les liens commerciaux avec le Nord; la croissance de la *Royal Niger Company* a coupé les routes vers l'est; en Occident, le trafic d'armes considérable qui s'est développé au début des guerres yoruba a été stoppé dans les années 1870 par la fermeture de la route Oke Igbo. Même au plus fort de ses fortunes et de nombreuses conquêtes, le Bénin n'aurait pu résister et vaincre les nouvelles forces qui se refermaient sur elle. Son déclin était donc inévitable - un fait accompli (Ryder, 1969, p. 22).

CONCLUSION

L'empire du Bénin qui a commencé en tant que petit royaume, fondé par le peuple edo, a fini par s'agrandir et devenir un vaste empire occupant une bonne partie du sud-ouest du Nigeria actuelle et au-delà même des frontières actuelles de ce pays. Le Bénin a duré environ dix siècles, c'est-à-dire du 10e au 19e siècle et a connu un succès modéré pendant une longue période avant de rentrer dans une phase sombre de son histoire à partir du 17e siècle. La période faste correspond au leadership des *Obas* et des décisions qu'ils avaient prises. Comme il a été explicité dans la dernière partie de ce chapitre consacré au Bénin, le déclin de cet empire ouest-africain s'explique par une combinaison de facteurs parmi lesquels les relations nouées avec les Européens qui ont introduit des armes sophistiquées, les soulèvements de certains royaumes vassaux mais aussi la menace venue du nord avec l'islamisation. Dans les années 1860, l'empire du Bénin n'était que l'ombre de lui-même. Il n'était plus le puissant et fort État de cette partie de l'Afrique occidentale. Le Bénin s'est déstructuré, devenu faible vulnérable et les *Obas* avaient beaucoup de mal à contrôler les citoyens qu'ils avaient pu contrôler facilement jadis.

BIBLIOGRAPHIE

Aisien E., *The Benin City Pilgrimage Stations, Benin City, Nigeria*; University of Benin Printing Press, 2001.

Aisien E., *Ewuare: The Oba of Benin, Benin City, Nigeria,* Mindex Publishing Co. Limited, 2012.

Anderson S. E., *The Black Holocaust for Beginners*; New York, 2013; Benin Forum An Unpublished paper, 1995.

Blake J., *European Beginnings in West Africa*, London, Vol. 2 Hakluyt Society, 1942.

Bradbury R. E., *The Benin Kingdom and the Edo Speaking Peoples of South Western Nigerian*, London, 1957.

«Benin, Empire: Origins and Growth of City-State», dans Kevin Shillington (éds.), *Encylopedia of African History, vol. 1. A-G, Routledge*, 2013.

Burton, R., *My Wanderings in West Africa*, Part II Fraser Magazine, London, and New York, 1865.

Cartwright, M., "Kingdom of Benin." Ancient History Encyclopedia, *Ancient History Encyclopedia*, April 2, 2019. https://www.ancient.eu/Kingdom_of_Bénin/.

Crowder M., *The Story of Nigeria*, London, Oxford Press, 1962.

Donnan E., *History of the Slave Trade and America* Vols. I & II, Washington, 1932.

Ebiuwa Aisien (Mrs) and Felix O.U Oriakhi, (PhD), "A Critique of the Contributions of Old Benin Empire to the Trans-Atlantic Salve Trade", *IOSR Journal of Humanities and Social Science, Volume 20, Issue 8, Ver. II*, August 2008, pp. 4-12.

The Editors of Encyclopaedia Britannica, "Benin." Encyclopædia Britannica. Encyclopædia Britannica, inc., September 4, 2019.

Egharevba, J., *A Sorth History of Benin, Ibadan*, Nigeria, Ibadan University Press, 1968.

Hammond P., *African Experience* Vol. I, North Western University Press, 1970.

Hatch J., *A History of Britain in Africa*, London, The Trinity Press, 1969.

"The Kingdom of Benin", *BBC Bitesize, BBC*, September 4th, 2019.

"Oba Erediawa, Oba of Benin" *The Benin Empire*, Vanguard, Nigeria February 2014.

Ryder A., *Benin and the Europeans*, Longman, London, 1969.

Sharp S.P. &Schomp., *The Slave Trade & the Middle Passage*, Marshall Cavendish; New York, 2007.

Rob, A., "Black Histories: Oba Ewuare & Benin City." *Black Histories: Oba Ewuare & Benin City, October 23, 2015*.

Willett, F., "The Arts of the Edo-Speaking Peoples Outside Benin City." *African Arts 9, no. 4*, 1976: 10–11, page 10.

TABLE DES MATIÈRES

RESUME

L'ancien empire du Bénin était l'un des plus grands États de l'Afrique précoloniale. À son apogée sous la dynastie des Obas au 16e siècle, l'empire du Bénin sous 'étendait sur une vaste région dans le sud du Nigéria actuel et englobant certaines régions de l'actuel pays francophone du Bénin qui porte son nom depuis 1975, une partie du Togo, touchant même la République du Ghana. L'empire médiéval du Bénin est mondialement connu notamment pour son architecture très avancée à travers des sculptures en bronze inestimables et autres belles œuvres d'art. Dans ce livre, l'histoire Amadou Ba revient aussi sur une économie prospère de cet empire ainsi que son organisation politique sans oublier une bonne cohésion sociale avant l'arrivée des explorateurs qui avec leurs armées et leur soif d'obtenir des esclaves, ont divisé l'empire et entrainé son déclin puis sa perte irréparable aux mains des forces coloniales britanniques à la fin du 19e siècle.

Titulaire d'un Doctorat en histoire à l'université Paris 7 en France (spécialisation histoire coloniale de l'Afrique), d'une Maîtrise en science politique à l'université Paris I Panthéon La Sorbonne (spécialisation politique africaine) et d'un Baccalauréat en enseignement à l'université Laurentienne à Sudbury en Ontario, Amadou Ba vit au Canada où il enseigne l'histoire de l'Afrique à Nipissing University (North Bay Ontario). Il donne aussi des cours à la Faculté des sciences de l'éducation et au département de science politique à l'Université Laurentienne (Sudbury). Amadou Ba est auteur de plusieurs livres dont: *L'Afrique des Grands Empires* (*7*^{e}-*17*^{e} *siècles*) *1000 ans de prospérité économique, d'unité politique, de cohésion sociale et de rayonnement culturel*, ou encore *L'histoire oubliée de la contribution des esclaves et soldats noirs à l'édification du Canada* (1604-1945).

NOTES

INTRODUCTION

1. Les Edos sont une population d'Afrique de l'Ouest vivant dans le Centre-Sud du Nigeria, en particulier dans l'État d'Edo. D'après les recensements de 1999, le nombre de locuteurs edo au Nigeria était estimé à un million de personnes.
2. La colonie française, qui inclut le royaume, Porto-Novo et une grande zone au nord, prend le nom de Colonie du Dahomey. Elle devient indépendante en 1960 sous le nom de République du Dahomey. Le terme reste jusqu'en 1975 lorsque le pays devient le Bénin.
3. Cela peut s'expliquer par deux raisons. Tout d'abord, après la chute du Bénin en février 1897 face aux forces britanniques pendant la colonisation de l'Afrique par les puissances européennes, des milliers d'objets d'art royaux du Bénin ont été emportés en Europe par les conquérants britanniques. La sophistication technique et les matériaux précieux des œuvres d'art étaient très appréciés. Beaucoup d'objets ont été vendus et d'autres ornent désormais des musées en Europe et aux États-Unis d'Amérique. L'histoire de ces objets a fait l'objet de recherches et d'enquêtes continues. Deuxièmement, depuis la fin du 15e siècle jusqu'à la conquête britannique en février 1897, les voyageurs, commerçants et consuls européens ont fourni des informations sur le Bénin. Cela a attiré l'attention des chercheurs, dont l'intérêt pour le passé béninois a produit une énorme quantité de littérature en histoire de l'art, anthropologie, ethnographie, archéologie et histoire.
4. Osarhieme Benson Osadolor, M. A., *The Military System of Benin Kingdom 1440-1897*, Thesis in the Department of Philosophy and History submitted in partial fulfilment of the requirements for the award of the Degree of Doctor of Philosophy of the University of Hamburg, Germany, 2001.
5. Voir la comparaison entre Ekhere Vb Itan Edo de Jacob Egharevba et les quatre éditions de sa traduction en anglais sous le titre *A Short History of Bénin*, citant la première édition de *Short History of Bénin*.
6. L'Oba du Bénin est le dirigeant de l'ancien royaume du Bénin. Il n'a plus de réel pouvoir depuis l'annexion du royaume par les Britanniques en 1897. Il garde cependant un rôle consultatif au sein du gouvernement. Il garde aussi une forte influence sur la population edo pour laquelle il a une nature semi-divine. Son palais se trouve dans la ville actuelle de Bénin City (État d'Edo, Nigeria).

7. *Encyclopedia Britannica*, "Bénin."
8. Voir le livre de Jacob U. Egharevba *A Short History of Bénin Empire* publié en 1986 aux Presses Universitaires d'Ibadan au Nigeria.

www.ingramcontent.com/pod-product-compliance
Ingram Content Group UK Ltd.
Pitfield, Milton Keynes, MK11 3LW, UK
UKHW020421250726
13967UKWH00007B/2758

9 781777 742874